Für Dich – Eine Nachlese

Hubertus Scheurer

Für Dich – Eine Nachlese

Lyrik

Bibliografische Information der Deutschen Nationalbibliothek:
Die Deutsche Nationalbibliothek verzeichnet diese Publikation in der
Deutschen Nationalbibliografie; detaillierte bibliografische Daten sind im
Internet über http://dnb.d-nb.de abrufbar.

Hubertus Scheurer – Für Dich – Eine Nachlese
© Copyright 2008. Alle Rechte beim Autor.
Satz, Umschlaggestaltung, Herstellung und Verlag:
Books on Demand GmbH, Norderstedt
ISBN: 978-3-8370-6224-3

Informationen über:

www.Hubertus-Scheurer.de

Inhaltsverzeichnis

Vorwort

Von der Unvergeßlichkeit meines schriftstellerischen Werkes
konnte ich mich noch selbst überzeugen.
Es bleibt mir die Hoffnung, daß ein Tropfen davon, zur Erin-
nerung an meine geliebte Carolina, in den ewigen Brunnen fällt.
In diesem Sinne habe ich auch die Nachlese vorgenommen.

Hubertus Scheurer

Die Nachlese

Mein lieber Schatz, die Zeit verrinnt
Und eh' mein letzter Traum beginnt,*
Kam der Gedanke mir, ich sichte
Zuvor die restlichen Gedichte,

So daß die Nachlese entstand,
Für Dich, in diesem weitren Band.
Dabei mußte ich an Dich denken,
Davon beseelt, sie Dir zu schenken.

Glaub ich, daß ich für Dich was tu,
Dann finde ich ein wenig Ruh',
Bis wir, wie auf dem Bild zu sehen,
In unser neues Leben gehen.

* Sh.: »Nur noch für Dich« Band III,
Mein letzter Traum, Seite 54

Dann lieber leiden

Die Zeit heilt alle Wunden,
Hab ich das auch empfunden?
Nein, meines Herzens Leid
Verging nicht mit der Zeit.

Ich wünsche mir zuweilen,
Sie mög die Wunde heilen,
Doch nicht wenn ich fortan
Dir nicht mehr nah sein kann.

Dann will ich lieber leiden,
Bis hin zu meinem Scheiden,
Dem Ende meiner Erdenzeit,
Vereint mit Dir in Ewigkeit.

Die kleinen Hände

Deine schönen Hände, sprachst Du,
Meintest damit meine;
Wir begaben uns zur Ruh',
Ich legt' sie in Deine.

Wie sehr sehn ich mich danach,
Nach den kleinen Händen,
Daß die meinen, ich lieg wach,
Sie noch einmal fänden.

Auch die meinen welken nun,
Greifen in die Leere,
Ich wünsch mir, mit Dir zu ruhn,
Daß ich bei Dir wäre.

Kein Grabstein

Carolina, einen Grabstein
Hast Du nicht gewollt;
Wolltest auch in keinem Grab sein,
Das man pflegen sollt.

Niemand wolltest Du verpflichten,
Zu dem Grab zu gehn,
Um es für Dich herzurichten,
Nach dem Grab zu sehn.

Dafür steht in unsrem Haus jetzt
Für Dich ein Altar,
Der ein Grabmal nun ersetzt,
Schaut aus wunderbar.

Mit dem schönen Bild von Dir,
Büchern, nur für Dich,
Kerzen, Blumen, reich zur Zier,
Dort halt Andacht ich.

Wünsch mir, daß nur ein Gedicht,
Das ich für Dich schrieb,
Wenn ein Grabstein schon zerbricht,
Noch erhalten blieb.

Ich bin Dein Grab

Du brauchst kein Grab, mein lieber Schatz,
Hast tief im Herzen Deinen Platz;
Bleibst für den Rest der Erdenstunden
Mit mir aufs engste dort verbunden.

Bist nicht allein in einem Grab,
Weil ich Dich immer bei mir hab,
Im Herzen; an der Todesschwelle,
Tritt dann mein Traum an seine Stelle.

Der ewige Brunnen

Der ewige Brunnen, so wurd er genannt,
Gefüllt mit Gedichten, ein herrlicher Band;
Er fließt durch die Zeiten, er wird niemals leer,
Du schenktest ihn mir, nun bist Du nicht mehr

Auf Erden, Geliebte, und doch bist Du hier,
In meinem Herzen, ganz nahe bei mir;
Solang es den ewigen Brunnen noch gibt,
Für mich, bin ich weiter in Dich verliebt;

Bemüht, in den Brunnen, das läßt mich nicht ruhn,
Für Dich einen Tropfen hineinzutun,
Der an Dich erinnert, auch nach meiner Zeit,
In diesem Brunnen der Ewigkeit.

Mein Geschick

Du warst meine Freude, warst mein Geschick,
An jedem Tag der Augenblick,
Der Licht gab, meine Seele berührt',
Kraft, die zum nächsten Tag mich geführt.

Seit Du nicht mehr bist, wart ich jeden Tag
Darauf, daß er mich zu Dir führen mag,
Aufs Licht, das meine Seele erhellt,
Den Abschied von dieser leidvollen Welt.

Kein Frühling mehr

Seit Du von mir gegangen,
Gibt's keinen Frühling mehr;
Es regt sich kein Verlangen,
Die Welt bleibt trüb und leer.

Im Winter eingebunden,
In Kälte eingeschneit,
Friste ich meine Stunden
In der Vergangenheit.

Dort fühl ich Deine Nähe
Und wünschte mir so sehr,
Daß ich Dich wiedersähe,
Mit Dir vergangen wär.

Wer sind wir?

Wer warst Du und wer bin ich,
Wohin führn die Fragen mich?
Wenn die Antwort gut getroffen,
Bleibt doch immer etwas offen.

Selbst, wenn wir zwei Menschen sehn,
Die sich noch so nahe stehn,
Sich im Treueschwur vereiden,
Eine Kluft bleibt zwischen beiden,

Die nur eins, darauf kommt's an,
Stetig überbrücken kann;
Steht weit über jedem Triebe,
Dieses eine ist die Liebe.

Letztes Ziel

So geht auch dieser Tag vorbei,
Im grau getrübten Einerlei,
Und in zermürbend gleicher Weise
Drehn die Gedanken sich im Kreise.

Steht nun am Ende meiner Zeit
Für alles Tun Vergeblichkeit;
Verbleibt nur noch die Klage
Mit mancher offnen Frage?

Kein Ausweg hin zu einem Sinn,
Kein Ziel für einen Neubeginn
Als dem, aus diesem Leben
Bald schmerzfrei zu entschweben.

Selbstbestimmung

Ein Ende, das man selbst bestimmt,
Hat ungelebte Zeit zum Lohn,
Wenn Lebenszeit die Wende nimmt
Zu qualvoll sinnentleerter Fron.

Selbstliebe als Gebot der Pflicht,
Erkenne ich für mich nicht an;
Verträgt sich nicht mit meiner Sicht
Von einem selbstbestimmten Mann.

Was ich jedoch für Dich empfand,
War Liebe meiner Lebenszeit,
Hat über sie hinaus Bestand,
Erreicht damit Unsterblichkeit.

Wie der Bär

Traurig, wie im Zoo der Bär,
Lauf ich nun auch hin und her;
Er, weil ihm die Freiheit fehlt,
Ich, weil mich die Leere quält;

Seit Du mich verlassen hast,
Keine Ruhe, keine Rast,
Als ob ich gefangen wär,
In mir, wie im Zoo der Bär.

Und so fließt die Zeit dahin,
Für uns beide ohne Sinn,
Bis, befreiend aus der Not,
Gnädig fortführt uns der Tod.

Dein Gesicht

Wenn ich all die Menschen sehe,
Such ich Dein Gesicht,
Täglich, ganz gleich wo ich gehe,
Doch ich find es nicht.

Nein, mein Liebling, eins wie Deines,
Das ihm ähnlich wär,
Schaute ich bisher noch keines,
Gibt es wohl nicht mehr.

Und wenn ich es doch noch fände,
Frag ich mich, wozu?
Sie, auch wenn sie vor mir stände,
Wäre ja nicht Du.

Carolina – Caroline

Hübsch wie eine Ballerina
War sie, meine Carolina;
Fast zu schön, um wahr zu sein,
Die beliebte Caroline.

Caroline, wie die Bekannten
Und die Freunde sie gern nannten,
Hatte so ein weites Herz,
Fröhlichkeit, den Sinn für Scherz.

Carolina, dieser Name,
Stand vorzüglich ihr als Dame,
Deren Anmut hat entzückt,
Einem Wesen, das beglückt.

Mit Deinen Augen sehn

Mein Schatz, mit Deinen Augen sehn,
Hat Freude mir bereitet,
Wenn mein Blick konnt nicht widerstehn,
Den Deinen hat begleitet.

Das Leuchten Deiner Augen ließ
Mich die Natur erleben,
Hat kleinsten Dingen überdies
Bedeutsamkeit gegeben.

Mit Deinen schönen Augen sehn,
Das wäre mein Verlangen;
Die Freude würde neu entstehn,
Ist ohne Dich vergangen.

Wie nur?

Wie nur kann ich Dich erreichen?
Lieber Schatz, gib mir ein Zeichen;
Ich vermiß Dich jeden Tag,
Weil ich Dich im Herzen trag.

Dort werd ich Dich immer tragen
Bis das Herz hört auf zu schlagen,
Und das Zeichen gäbst Du mir,
Wenn Du könntest, wär's schon hier.

Doch die Frage wird nicht weichen,
Wie nur kann ich Dich erreichen?
Stell ich mir an jedem Tag,
Weil ich Dich im Herzen trag.

In hundert Jahren

Könnte ich Dich wiedersehn
Erst in hundert Jahren,
Wie würd es mir dann ergehn,
Möcht ich wohl erfahren.

Hoffnung würde neu erblühn,
Ich würd nicht verzagen,
Jede Last und all die Mühn
Bis dahin ertragen,

Um mit Dir vereint zu sein,
Mich Dir hinzugeben,
Dort, wo nichts uns kann entzwein,
In dem ewgen Leben.

Sonne des Lebens

Du warst die Sonne meines Lebens,
Bleibst meines Daseins Licht;
Warst auch Beweggrund meines Strebens
Im Einklang mit der Pflicht.

Die Sonne, sie hat mich verlassen,
Es wurde dunkel drauf;
Ich kann und will es gar nicht fassen,
Sie geht nie wieder auf.

Des Daseins Licht wird mich begleiten
Bis hin zu meinem Traum,
Wenn wir ins neue Leben schreiten,
Verlassen Zeit und Raum.

Ich träume

Ich träum von meinem letzten Traum;
Ach, wär es schon soweit!
Verlaß mit Dir den Erdenraum,
So lang wird mir die Zeit.

Ich träum von diesem Glücksmoment
Wo uns die Sonne scheint,
Fortan uns keine Macht mehr trennt,
Das Herz niemals mehr weint.

Ein Kompliment

Liebling, es ist ein Kompliment,
Daß meine Bücher man nicht kennt;
Stell Dir nur vor, im Bildungswesen
Würd man sie wie die Zeitung lesen.

Dann wär es wirklich angemessen,
Sie ganz schnell wieder zu vergessen,
Denn folglich wären sie dann nur
Ein Teil der deutschen Leidkultur.

So aber bleibt der Ausgang offen,
Und deshalb können wir noch hoffen,
Daß irgendwann mal ein Gedicht
Ins Dunkel bringt ein wenig Licht.

Wahrheit nicht gefragt

Wer unverblümt die Wahrheit sagt,
Ist hier im Lande nicht gefragt;
So kann man sie bei den Gerichten,
Wie ich erfuhr, nur selten sichten.

Entscheidend ist das Machtkalkül,
Fernab von Wahrheit und Gefühl;
Die Richter können ja gut schlafen,
Im sichren Paragraphenhafen.

Das war zu allen Zeiten gleich,
Genauso auch im Dritten Reich,
Doch das verschweigt man sehr beflissen,
Will davon heute nichts mehr wissen.

Zum Grundgesetzlichen

Die Richter haben schnell erkannt,
Daß ich ein Niemand bin im Land;
Werd ich dem Unrecht ausgesetzt,
Wird deshalb auch kein Recht verletzt.

So spuckte mir das Landgericht
In Volkes Namen ins Gesicht,
Weil es nicht zu glauben wäre,
Daß ein Niemand hätte Ehre.

Bei einem hohen Herrn dagegen,
Ist Wert auf dessen Ruf zu legen,
Weil wehe dem, der das vergißt,
Er ohne Zweifel jemand ist.

So spuckte mir das Landgericht
In Volkes Namen ins Gesicht;
Die hohen Herrn, sie sind zu schützen,
Mir wird Protest kaum etwas nützen;

Werd ich willkürlich angegriffen,
Dann werden sie nicht ausgepfiffen,
Denn niemand darf man ja verletzen,
Entnahmen Richter den Gesetzen.

So spuckte mir das Landgericht
In Volkes Namen ins Gesicht;
Daß ich ein menschlich Wesen bin,
Kam ihm dabei nicht in den Sinn.

Fleiß und Preis

Ohne Fleiß kein Preis, fürwahr,
Wurd mir früh schon beigebracht;
Eigentlich doch sonnenklar,
Deshalb hab ich nicht gedacht,

Daß der Preis für meinen Fleiß,
Dies beflügelt nun nicht mehr,
Das Gericht gab den Beweis,
Von mir selbst zu zahlen wär.

Schrieb mit Fleiß manch ein Gedicht,
Das den Richtern nicht gefällt,
So kassierte das Gericht,
Um zu strafen, Ordnungsgeld.

Und zum weiteren Beweis
Sprach es aus noch ein Verbot
Meiner Bücher, welch ein Preis,
Fleiß, der einen bringt in Not.

Bürger schröpfen!

Polizei schien hilfsbereit,
Mir, in meiner Jugendzeit,
Und ich konnte mit Vertrauen
Auf die Polizisten schauen.

Damit ist es nun vorbei,
Wer vertraut der Polizei?
Wenn wir Leute heut befragen,
Spürn sie eher Unbehagen.

Lieber, gibt man zu verstehen,
Will man sie von hinten sehen,
Denn ist wirklich Not am Mann,
Kommt's auf einen selber an.

Kein Beamter weit und breit,
Schließlich braucht er seine Zeit,
Sonst kriegt er das Tagessoll
Für das Abkassiern nicht voll.

Freund und Helfer, welch ein Denken,
Antiquiert, kann man sich schenken;
Schiefohrn mit den hohlen Köpfen
Sind gefragt, die Bürger schröpfen.

Kein Licht

Es ging wieder um den Gurt,
Hatte mich nicht festgezurrt,
Mußte rechts ran, bitte sehr,
Und das grad im Hauptverkehr.

Statt sich jetzt um den zu sorgen,
Etwa gegen acht am Morgen,
Schien es wichtig aufzuschreiben,
So die Zeit sich zu vertreiben.

Was ich sagte, zählte nicht,
Dieser Polizist kein Licht,
Dafür aber merklich kühl,
Zeigte mir so viel Gefühl

Wie ein ausgestopfter Affe,
Sich gebärdend wie ein Laffe;
Da scheint es doch angemessen,
Schnell den Vorfall zu vergessen,

Denn auch so, es ist kein Spaß,
Ist schon übervoll das Maß,
Da kommt es auf solchen Mann
Nun doch wirklich nicht mehr an.

Keine Rüge trotz der Lüge

Hamburgs Polizeiverwaltung,
Sie bewahrte ihre Haltung:
Auch wenn Polizisten lügen,
Wär dies keinesfalls zu rügen.

Und, das Widerspruchsverfahren
Könnt mein Anwalt sich ersparen,
Denn wer widerspricht, muß löhnen;
Daran sollt ich mich gewöhnen.

Dazu sag ich: Nein! Mitnichten,
Lassen wir den Richter richten;
Schaun wir, ob die Staatsgewalten
So wie einst zusammenhalten;

Jene Bürger unterdrücken,
Die sich nicht vor ihnen bücken.
Schon recht traurig, doch scheint vage,
Mir der Ausgang meiner Klage.

Trotzdem werd dem Recht zu Ehren
Ich mich wieder einmal wehren,
Um in Reimen vorzutragen,
Was der Richter hat zu sagen.

Doch vernehme er die Kunde:
Mit der Unwahrheit im Bunde,
Richtet er das Recht zugrunde,
Und das Recht geht vor die Hunde.

Sokrates läßt deshalb grüßen,
Damit Freiheit atmen kann,
Noch tritt man sie hier mit Füßen,
Seine Botschaft kam nicht an.

Zwei Versionen

Den »Lichtblick« geb aus gutem Grund
In zwei Versionen ich gleich kund;
Denn wie's auch kommt, im großen ganzen,
Mag einer aus der Reihe tanzen,

Ändert das nichts in einer Welt,
Die sonst von Wahrheit nicht viel hält;
Und hier im Staat die Mühlen mahlen
Nur dann schnell, muß der Bürger zahlen;

Doch wenn der Bürger etwas will,
Mahln langsam sie, stehn oftmals still;
Ich aber möcht mit eignen Händen
Beizeiten dieses Buch beenden.

Ein Lichtblick

Es gibt ihn noch, und das läßt hoffen,
Den Richter, der vom Grund her offen,
Für Wahrheit und Gerechtigkeit,
Der sich nicht beugt dem Geist der Zeit.

So konnt' ich dieses Mal erleben,
Wie er der Klage stattgegeben
Und eine Staatsverwaltung rügt,
Wenn sie so unverhohlen lügt.

Nach allem, was ich hab erfahren,
In den vorausgegangnen Jahren,
Erwartete ich wirklich nicht
So einen Lichtblick vom Gericht.

Fortsetzung:

Version 1

Ein Lichtblick, es bleibt angemessen,
Darüber dies nicht zu vergessen:
Die Ausnahme bestätigt sie,
Die Regel, und wie wäre die?

Der Richter wär der leidige;
Er spräche: Ich verteidige
Die Staatsinteressen; seine Sicht,
Schildert das folgende Gedicht.

Version 2

Ein Lichtblick, diesen wunderbaren,
Erlebt' ich, war mir dann im klaren,
Ich hatt' geträumt vom schönren Sein,
Die Wirklichkeit holte mich ein.

Der Richter war der leidige
Und sprach, daß er verteidige
Die Staatsinteressen; seine Sicht
Schildert das folgende Gedicht.

Der leidige Richter

Der Richter tat mir richtig leid;
Was sollte er auch sagen?
Saß da im schwarzen Robenkleid,
Begann dann vorzutragen:

Der Staat, mein Staat hat immer recht,
Hat mir das Recht gegeben,
Auf seine Kosten, das nicht schlecht,
In diesem Land zu leben.

Da muß ich ihm doch dankbar sein
Und zwar aus freien Stücken,
Ich stellte mir sonst selbst ein Bein,
Fiel ich ihm in den Rücken.

Das war zu allen Zeiten gleich,
Daran wird sich nichts ändern,
Beim Kaiser schon, im Deutschen Reich,
Sowie in andern Ländern.

Deshalb gibt es auch keinen Grund
Zum Widerspruch, zum Klagen,
Was immer dieser Staat tut kund,
Muß man mit Fassung tragen.

Verlogenheit

Peinlich, peinlich, Euer Ehren,
Wie Sie mit dem Recht verkehren;
So wie Nutten mit der Liebe
Zur Befriedigung der Triebe.

Recht mit Unwahrheit im Bunde
Steht auf modrig faulem Grunde,
Wird es käuflich, wie die Mädchen
Auf dem Strich im Lotterstädtchen.

Ein bedenklich heißes Pflaster,
Wo das Recht sich beugt dem Laster,
Nutten und auch Euer Ehren
In Verlogenheit sich nähren.

Schlaft gut!

»Nur noch für Dich«, Band Nummer drei,
Inklusive Lügenbrei
Unsrer werten Polizei,
Bracht im Rathaus ich vorbei.

Hundert Stück gut an der Zahl,
Ich dacht mir, nun lest das mal,
Damit in der Bürgerschaft
Ihr nicht ganz und gar erschlafft.

Euer erster Mann, welch Fluch,
Bekam jetzt das dritte Buch,
Doch mir scheint, der arme Tropf,
Hat auch nur sein Wohl im Kopf.

Nun, ich hatte falsch gedacht,
Nicht ein einzger ist erwacht,
Was mir keinen Abbruch tut,
Deshalb sag ich: Schlaft nur gut!

Oh Gott!

Oh Gott! Kein Mensch war bei dem Jungen
Als er aus dem Hochhaus verzweifelt gesprungen;
War zwölf, ist aus dem Fenster geklettert
Und wurde beim Aufprall grausam zerschmettert.

Er sprang der Gesellschaft ins Angesicht,
Die denkt an Fußball und merkte es nicht;
Die Fahnen flattern, man hört sie schon wieder,
Begeisterungsschreie und trunkene Lieder.

Auch die Politiker singen im Chor,
Da feiern sie mit, kein Trauerflor;
Der Rathausmarkt nicht auf Halbmast geflaggt,
Was zählt schon der Junge, wenn Fußball sie packt.

(Der Junge starb am 5. Juni 2008 in Hamburg-Lokstedt,
Julius-Vosseler-Weg 134)

Was für eine Welt

Niemand kann sein Leid ermessen,
Was für eine Welt;
Von den meisten schon vergessen,
Bist für mich ein Held.

Ich bewundre diesen Jungen,
Seinen großen Mut,
Wie er in den Tod gesprungen;
Trauer bleibt und Wut.

Sicher könnt ich ihn gut leiden,
Hätt ihn gern gekannt,
Ihn bewahrt vorm frühen Scheiden,
Ihm gereicht die Hand.

Fortschritt

Hitler hat den Mensch, der denkt,
Per Gerichtsbeschluß gehenkt,
Wenn er wagte aufzumucken,
Wollt vorm Führer sich nicht ducken.

Im geteilten deutschen Staat,
Hinter Mauer, Stacheldraht,
Wurden auf der Flucht erschossen,
Flüchtlinge von den Genossen.

Fragt man, wie wir heute leben,
Will ich gern die Antwort geben:
Ja, wir leben auf dem Mist, [*]
Der ein großer Fortschritt ist.

[*] Sh.: »Sokrates läßt Deutschland grüßen damit Freiheit atmen kann«,
S. 133, Leben wir denn auf dem Mist?

Rückschritt

Hamburgs Polizeiverwaltung
Blieb bei der verlognen Haltung,
Ließ mir flattern auf den Tisch,
Nunmehr einen neuen Wisch.

Statt sich zu entschuldigen,
Wahrheit mal zu huldigen,
Kam ein weiteres Verbot;
Deutschland, Deutschland, ich seh rot.

Darf kein Luftgewehr besitzen,
Einer von den schlechten Witzen,
Das, sie nannte keine Frist,
Sofort abzugeben ist.

Kommt die Polizistenmeute
Wieder, so frag ich mich heute,
Um mich aus dem Haus zu zerrn,
Ins Gefängnis einzusperrn?

Polizei und Neuengamme, [*)]
Trüb scheint mir der Freiheit Flamme,
Doch noch mag ich hier nicht fort,
Hält die Liebste mich am Ort.

Ich werd wechseln, wenn es geht,
Meine Nationalität;
Vielleicht lebt hier auf dem Mist
Besser, wer kein Deutscher ist.

[*)] Ehemaliges KZ im Randbezirk von Hamburg

Hubertus Scheurer im Alter von 15 Jahren mit seinem Luftgewehr.

Siehe „Erlaubte Dummheit?":

Mit dreizehn Jahren hatte ich
Mein erstes Luftgewehr,
Und damals fragte niemand sich,
Ob das in Ordnung wär. ...

Mich wundert gar nichts mehr

Gut sechzig Jahre ist es her,
Da holte man das Jagdgewehr
Vom Vater aus der Wohnung weg,
Für mich als Kind ein großer Schreck.

Ich weiß noch, damals sind zu viert
Soldaten in das Haus marschiert;
Danach konnt man mich glücklich sehn,
Dem Vater war ja nichts geschehn.

Heut nun kam unsre Polizei
Mal wieder, nur zu zweit, vorbei
Und zog, mich wundert gar nichts mehr,
Mein Luftgewehr aus dem Verkehr.

Doch dazu sag ich nur so viel:
Sie war sehr freundlich, hatte Stil,
Was mir in diesem Fall gefiel,
Kam außerdem auch in Zivil.

Es waren diesmal Mann und Frau,
Durchaus gelungen ihre Schau;
Die Frau zudem hübsch anzusehn;
Ich frag mich, wie wird's weitergehn?

Nicht alle können Spaß verstehn

In diesem Fall ist's so gewesen,
Der Polizei hab vorgelesen
Ich in der Tat eins der Gedichte
Und zwar, die Taubenjagdgeschichte. [*)]

Ich wollte sie damit erheitern,
Doch meine Absicht sollte scheitern;
Sie schien verwirrt und vor Entsetzen,
Da fiel sie fast von ihren Plätzen,

Und meinte, ich sei nicht ganz ohne,
Hätt wohl der Polizei zum Hohne,
Im Haus tatsächlich, wo ich wohne,
Zur Panzerabwehr die Kanone.

Natürlich wollten nun die Helden
Auch diesen Umstand sofort melden,
Damit aufgrund der ernsten Sache,
Man eine Hausdurchsuchung mache.

Doch ich schwor dann bei meiner Ehre,
Daß hier im Haus ein Jet nicht wäre,
Genausowenig die Kanone,
So daß die Nachforschung nicht lohne.

Sie schenkte mir dann doch noch Glauben,
Wer schießt schon mit Kanonen Tauben;
Zumindest ist auch hier zu sehen,
Nicht alle können Spaß verstehen.

[*)] Sh.: Nur noch für Dich, Bd. III, »Taubenjagd in einem Jet«

Den Hintern schließen

Die Polizei kam raus ganz groß,
Mein Luftgewehr, das bin ich los;
Doch damit warn wir noch nicht quitt,
Sie nahm auch die Pistole mit;

Zugleich die Schreckschußmunition,
Denn ohne sie gibt's keinen Ton;
Dazu dann noch für's Luftgewehr,
Die Eierbecher, bitte sehr.

Warum? Na klar, bei meinen Nerven
Könnt ich damit auf Tauben werfen,
Und das wär diesen lieben, guten,
Natürlich gar nicht zuzumuten.

Fehlt, daß sie mir den Hintern schließen,
Dies würd mich allerdings verdrießen,
Weil Tauben auch bei strengen Düften,
Das Weite suchen in den Lüften.

Ein schönes Ei

Den Kopf schrieb ich mir wieder frei,
So leg ich gleich ein schönes Ei
Für alle, die die Bürger schröpfen
Und jene mit den hohlen Köpfen.

Ich konstatier mit Fug und Recht,
Bei ihrem Anblick wird mir schlecht;
Der Bundestag, er sollt beschließen,
Sie baldigst auf den Mond zu schießen.

Vielleicht hilft auch, wenn das nicht geht,
Eine Taubenschißdiät,
Bevor sie uns die Nerven töten
Und Freiheitsrechte gehen flöten.

Zivilcourage

Zivilcourage, unbekannt,
Weitestgehend hier im Land,
Weil der Untertanengeist
Immer noch die Richtung weist.

Wird es brenzlig, zu brisant,
Steckt den Kopf man in den Sand;
Heißt es doch, was man nicht weiß,
Besser so, es macht nicht heiß.

Wenn Courage wird benannt
Als der Freiheit Unterpfand,
Hat das stärkere Gewicht
Stets die erste Bürgerpflicht;

Nämlich Ruhe; mit Vertrauen
Zu der Obrigkeit aufschauen,
Denn die mag es nun mal nicht,
Wenn der Bürger widerspricht.

Nicht mein Ding

Jemand nach dem Mund zu reden,
Das ist nicht mein Ding;
Wär respektlos gegen jeden,
Wenn ich Falsches sing,

Nur, um damit zu gefallen
Oder weil ich glaub,
Er würd's ohnehin nicht schnallen,
Sei für Wahrheit taub.

Immer ja und amen sagen,
Vielen fällt's nicht schwer;
Kann dagegen nicht behagen
Einem Mann von Ehr'.

Kein Blatt vorn Mund

Kein Blatt nehm ich vor meinen Mund
Und gebe dadurch manches kund,
Was vielen nicht gefällt,
Mich aber aufrecht hält.

Ich weiß, aus finanziellem Grund
Ist diese Haltung ungesund;
Wer sich nicht macht gemein,
Wird kaum erfolgreich sein.

In der modernen Schreibkultur,
Da zähln die Umsatzzahlen nur;
Was simpel ist, gefällt;
Das bringt dann auch das Geld.

Unser freies Recht

Was wir für das Rechte halten,
Gilt uns als Gebot; 1)
Wolln uns daraus frei entfalten,
Handeln nicht devot.

Trotzen drum den Paragraphen,
Jeglichem Verbot,
Wenn das Recht sie Lügen strafen,
Bringen es in Not.

Wer nie ein Verbot gebrochen,
Denken wir daran,
Daß er, der stets nur gekrochen,
Doch ein Schuft sein kann. 2)

Sh.: Hermann Hesse »Lektüre für Minuten«
zu [1] S. 99
zu [2] S. 78

Gefahr erkannt

Ich mästete die Lügenbrut
Mit Steuergeld, war das denn gut?
Warum frag ich, fiel mir nicht ein
Der Ausweg hin nach Liechtenstein?

Dann hätt ich, was doch sinnvoll wär,
Gespart inzwischen weitaus mehr,
Für einen wirklich guten Zweck,
Was nun verpraßt, ist leider weg;

Von einer Staatsbürokratie,
Die sich um mich bemühte nie,
Mir Steine in den Weg gelegt
Und mich durch Lug und Trug erregt.

Vielleicht sollt man das auch mal sehn,
Dann kann man Bürger doch verstehn,
Die diesem Staat nicht mehr vertraun,
Auf Sicherheit im Ausland baun,

Bevor, er regt sich schon der Geist,
Es wieder mal Enteignung heißt;
Und nicht umsonst sagt der Verstand:
Gefahr erkannt, Gefahr gebannt!
Gefahr erkannt, fort aus dem Land!

Brave Bürger

Brave Bürger, die sich ducken,
Ducken ohne aufzumucken,
So wie früher, so auch heute,
Immer ducken, liebe Leute!

Ja, die guten alten Zeiten
Werden weiter uns begleiten,
Wenn das unrechte Geschehen
Wir ganz einfach übersehen.

Jene soll man doch gern schlucken,
Die zu stolz sind sich zu ducken;
Brave Bürger wird's erst jucken,
Wenn sie durch die Röhre gucken.

Paragraphen und ihr Reiter

Sinnvoll sind die Paragraphen,
Um zu lenken, warnen, strafen;
Sie führn aber nicht zum Guten,
Wenn den Mensch sie überfluten,

So daß er, um Luft zu kriegen,
Sie schon lieber läßt links liegen;
Und wenn dann noch ihr Begleiter
Ist der Paragraphenreiter,

Den, statt wahrheitlichem Denken,
Nur die Paragraphen lenken,
Schwindet, statt es aufzubauen,
Damit auch das Rechtsvertrauen.

Blinde Kuh

Wie beim Spiel »Die blinde Kuh«
Geht es auch im Leben zu;
Jedenfalls doch bei den meisten,
Die sich eine Binde leisten,

Damit unrechtes Geschehn
Sie erst gar nicht richtig sehn;
Denn Verantwortung zu tragen,
Läge zu schwer auf dem Magen.

Förderlich dem Eigennutz,
Bietet so die Binde Schutz,
Und statt selber nachzudenken,
Läßt man sich vom Rufer lenken;

Gibt die Selbstbestimmung auf
Und im weiteren Verlauf,
Wenn die Binde fällt herunter,
Zeigt sich, Freiheit, sie ging unter.

Auf die Pfoten haun

Wenn Menschen in den Machtbereichen
Im Handeln das Wort Anstand streichen,
Dann werden wir, dem Recht zu Ehren,
Es kundtun, uns dagegen wehren.

Wir müssen nach dem Rechten schauen
Und ihnen auf die Pfoten hauen,
Bevor sie weiter Menschen knechten,
Verleumden, quälen, sie entrechten.

Wenn wir die Dinge laufen lassen,
Uns nur noch mit uns selbst befassen,
Dann dürfen wir uns nicht beklagen,
Geht es uns selber an den Kragen.

Feind und Ehr

Viel Feind, viel Ehr, na bitte sehr,
Die Freunde habe ich nicht mehr;
So gäbe niemand mir die Ehr,
Wenn ich auch ohne Feinde wär.

Drum sag ich ihnen meinen Dank,
Für Lüge, Niedertracht und Zank;
Schiebt sie nicht auf die lange Bank
Und werdet mir nur ja nicht krank.

Denn eins ist klar, daß ohne Ehr
Mein Leben wär bedeutungsleer;
Macht ihr es mir auch noch so schwer,
Hab ich die Ehre, bin ich wer.

Das Präsidentenleben

In Deutschland läßt es sich gut leben,
Zumindest für den Präsident;
Er kann ja wie auf Wolken schweben,
Lebt von der Wirklichkeit getrennt.

So wie ein Fürst zu alten Zeiten,
Ja, wie ein König auf dem Thron,
Und niemand wird sie ihm bestreiten,
Nach kurzer Zeit die Staatspension.

Da muß er dieses Land doch loben,
Für ihn kann es nicht besser sein,
Was unten, aus der Sicht von oben,
Ist kaum zu sehn, hüllt Nebel ein.

Meine Antwort

Meine Antwort auf die Frage,
Ob ich einen Orden trage,
Wenn ihn mir der Präsident
Höchstpersönlich zuerkennt:

Den kann er, ganz nach Belieben,
Dahin oder dorthin schieben,
Doch er mög, ums kurz zu fassen,
Mich damit in Ruhe lassen.

Deutschland erwache!

Deutschland erwache,
Komme zur Sache!
Schläfst Du so weiter,
Wirst nicht gescheiter,

Dann geht es munter
Den Bach herunter.
Wirst hier verbraten
Von Bürokraten;

Unlautren Knechten,
Die Recht entrechten;
Wirtschaftsmagnaten,
Gierig, mißraten.

Von den Genossen,
Die unverdrossen,
Für alte Zeiten
In Knechtschaft streiten.

Deutschland erwache
Nicht in der Lache,
Rot-brauner Jauche,
Nach altem Brauche!

Nationalstolz

Wie stolz kann man als Deutscher sein?
Da falln uns Goethe, Schiller ein;
Doch, ob die stolz auf Deutschland wären,
Wer das fragt, wird auch Zweifel nähren.

Nach allem, was hernach geschehn,
Würd man bei ihnen Trauer sehn;
Da kämen Schiller und auch Goethe,
Was Stolz betrifft, in arge Nöte.

Dagegen aber hör ich schon,
In einem vorwurfsvollen Ton,
Den Einwand, ernst und ohne flachsen,
Darüber sei doch Grass gewachsen.

Und der schrieb mit sehr viel Gefühl
Im Blechgetrommel von der Mühl',
Die erst ging langsam und dann schneller,
Hatt' eine Leiche selbst im Keller.

Der Nationalstolz allgemein,
Gegründet oft auf falschem Schein,
Man sollt mit Vorbehalt ihn sehen,
Fest auf den eignen Füßen stehen.

Sein oder Nichtsein

Ich denk, daß ich bin,
Doch macht es auch Sinn?
Der Sinn stellt im Sein
Nur selten sich ein.

Die andere Sicht,
Ich denk, ich bin nicht,
Macht es auch nicht leicht,
Was hab ich erreicht?

Das Denken an sich
Im fragenden Ich,
Führt letztlich nicht weit,
So war's allezeit.

Über das Vergessen

War es heute oder gestern,
Ist es viele Jahre her?
Soll man doch darüber lästern,
Oftmals weiß ich es nicht mehr.

Auch was heut war, ist entschwunden,
Geht in die Versenkung ein,
Kann bereits nach ein paar Stunden
Endgültig vergessen sein.

Aber so kann's auch ergehen,
Daß, was lange wurd vermißt,
Vor geraumer Zeit geschehen,
Jetzt allgegenwärtig ist.

Die geistige Umnachtung

Wenn im Kopf sich nichts bewegt,
Weil der Geist sich schlafen legt,
Folgt bei näherer Betrachtung
Eine geistige Umnachtung.

Grund für dieses Phänomen
Könnt man in der Umwelt sehn,
Die dem, der mit Geist betrachtet,
So gesehen, scheint umnachtet.

Das macht müde mit der Zeit,
Führt ihn in die Dunkelheit;
Und zum Schluß sagt er dann: Amen,
Ich fall nicht mehr aus dem Rahmen!

Wünschenswert

Ich lebe nicht, ich atme nur;
Das ist die Stärke der Natur,
Daß sich der Körper noch bewegt,
Wenn sich der Geist längst nicht mehr regt.

Und da ein regungsloser Geist
Zur Zukunft keine Wege weist,
Wär's wünschenswert, daß die Natur
Stellt recht bald ein die Luftzufuhr.

Was mich hält

Mein Kopf fast leer,
Die Beine schwer,
Du fehlst so sehr,
Ich mag nicht mehr.

Des Lebens Sinn
Liegt nun darin,
Daß immerhin
Ich lästig bin,

Für manche Leut;
Sie hätten Freud,
Ging er noch heut,
Der nichts bereut,

Von dieser Welt;
Wär ruhig gestellt,
Was mir mißfällt,
Mich darum hält.

Was der Mensch braucht

Was der Mensch so alles braucht:
Geld, damit der Schornstein raucht;
Für die Steuer den Berater,
Für sein Heil, den heilgen Vater;

Zur Befriedigung die Huren
Und zum Zeitvergleich die Uhren.
Auch ganz sicher braucht er Essen,
Doch nicht um sich vollzufressen,

Denn den Fettbauch braucht er nicht
Und vom Mastschwein das Gewicht.
Aber ich, mein Schatz, brauch Dich,
Von nun an, und das ewiglich.

Trieblenkung

Gelenkt von seinem starken Trieb
Ließ er sich durch das Leben treiben,
Bis dieser auf der Strecke blieb,
Da half kein Klagen und kein Reiben.

Dafür trat nun die Ruhe ein;
Daran mußt er sich erst gewöhnen
Und konnt, beschaulich wurd das Sein,
Sich damit schließlich doch versöhnen.

So schaut er auf die Zeit zurück
Als er es unbeschwert getrieben;
Sagt sich, jetzt ist für mich zum Glück,
Noch die Erinnerung geblieben.

Hin und her

Heut hatte er die Nase voll,
Er ging nach Haus, das fiel nicht schwer,
So dachte er bei sich, na toll,
Denn seine Blase, die war leer.

Am Tag drauf war die Nase leer,
Dafür war seine Blase voll,
Deshalb fiel ihm das Gehen schwer,
Das wiederum fand er nicht toll.

Am dritten Tag war beides leer,
Am vierten Tag war beides voll,
So ging es weiter hin und her,
Zum Schluß empfand er nur noch Groll.

Das bringt mehr

Warum es auf die Nase binden,
Sucht selbst, so werdet ihr es finden;
Hat Gültigkeit von alters her
Und bringt euch überdies weit mehr.

Geht man der Sache auf den Grund,
Ersichtlich klar ist der Befund;
Das kann ein jeder selbst ermessen:
Man wird es nicht so schnell vergessen.

Denken

Eigentlich sollt man schon denken,
Jenen wäre Dank zu schenken,
Die die Mühe sich gemacht,
Manches haben vorgedacht.

So könnt man sich drauf beschränken,
Dieses einfach nachzudenken,
Würde dann im nachhinein
Gleich ein wenig klüger sein.

Doch so manchen scheint zu kränken,
Wenn die andern Menschen denken,
So daß er erst gar nicht denkt
Und im Geiste bleibt beschränkt.

Lesen

Wer im Geiste ist beschränkt,
Weil er sich das Denken schenkt,
Sollte, um beschränkt zu bleiben,
Hinter seine Ohrn sich schreiben:

Lesen regt das Denken an,
Drum entzieh dich seinem Bann,
Sonst geht noch die Dummheit baden,
Denn das Lesen kann ihr schaden.

Schlaflos

Der Kopf marschiert, die Beine ruhn;
Er grübelt, es gibt viel zu tun;
So geht es schlaflos durch die Nacht
Bis morgens früh die Sonne lacht.

Die Beine wolln; der Kopf ist schwer;
Es fehlt der Antrieb von daher;
Der Kopf, er möcht jetzt endlich ruhn;
Die Pflicht ruft, es gibt viel zu tun.

So nimmt der Tag nun seinen Lauf,
Vom Kopf gelenkt, der gibt nicht auf,
Wünscht sich, daß er die nächste Nacht
Nicht noch einmal qualvoll durchwacht.

Wahre Schönheit

Ich glaubte Schönheit ward mir offenbar
In einem zauberhaften Wesen;
Die Körperanmut, Augen, Haar,
Ich hatt' im Äußeren gelesen.

Die ersten Worte brachten mich zurück
Zum eigentlichen, wahren Sehen;
Die Quelle für die Schönheit und das Glück
Liegt innen, außen ist Vergehen.

Ein Streif

Ein Silberstreif am Horizont
Erschien mir für Sekunden;
Eh' ich mich recht besinnen konnt,
War er bereits verschwunden.

Ein Hoffnungsstreif der Phantasie
Ist Antrieb unsres Strebens;
Das Glück gibt es auf Dauer nie,
Zeigt uns der Lauf des Lebens.

Was soll's?

Was soll's? Die Frage aller Fragen,
Liegt mir beständig auf dem Magen;
Der Philosophen geistig Ringen
Sollt Licht in diese Frage bringen.

Noch heute und in fernen Zeiten
Wird Kopfzerbrechen sie bereiten;
Selbst Sokrates, er ließ das Wissen,
Wie er betonte, auch vermissen.

Da kann ich also weiter grübeln,
Man möge es mir nicht verübeln,
Daß ich, geb zu es unumwunden,
Die Lösung habe nicht gefunden.

Unser Boot

Wir saßen froh in unsrem Boot,
Inzwischen sind die meisten tot;
Nur wenige verblieben dort,
Schon bald gehn sie auch über Bord.

Dann öffnet sich des Meeres Schlund,
Reißt auch das Boot hinab zum Grund,
Und niemand weiß von seinem Grab,
Den Menschen, daß es sie mal gab.

Des Herrn Güte

Herr im Himmel Deine Güte
Geht mir mächtig zu Gemüte,
Weil in mir die Zweifel brennen,
Ob ich sie werd je erkennen.

Konnte bisher nicht ergründen,
Wer sie Dir vergibt, die Sünden;
Schautest zu, wie man in Massen
Menschen hat ermorden lassen.

Liegt es doch in Deinen Händen,
Solche Taten abzuwenden;
Ohne Handeln zuzusehen,
Ist ein sträfliches Vergehen.

Solltest Deine Allmacht nützen,
Um Bedrängte zu beschützen;
Deine Schafe, sie behüte
Als ein Zeichen Deiner Güte.

Lobet den Herrn

Lobet den Herrn,
Wenn Kinder von Napalm zerfressen,
Leset heilige Messen,
Gott hat es nicht anders gewollt!

Lobet den Herrn,
Wenn Frauen von Bomben zerrissen,
Gott weiß mehr als wir wissen,
Er hat es nicht anders gewollt!

Lobet den Herrn,
Wenn Männer erbärmlich verbluten,
Gott wendet alles zum Guten,
Er hat es nicht anders gewollt!

Lobet den Herrn,
Wenn er vernichtet,
Nach seinem heiligen Maße richtet,
Er hat es so gewollt,
Denn er ist allmächtig,
Allmächtig und prächtig?

Theater

Mein Freund, der gab mir zu verstehn,
Er säh mich nicht mehr heiter;
Sollt deshalb ins Theater gehn,
Bot sich an als Begleiter.

Da sagte ich, mein lieber Mann,
Ich brauche kein Theater,
Es reicht, schau ich das Fernsehn an,
Seh dort den Heilgen Vater,

Wie der vergibt im Nachtgewand
Die Sünden, spendet Segen,
Die Menschen bringt um den Verstand,
Was kann schon mehr bewegen?

Bei Christus

Wenn sich der Pater Benedikt,
Weil er ein wenig anders tickt,
Auch an den Knaben mal erquickt,
Ist das in dem Fall ein Delikt,

Das innerhalb der Kirchensphäre,
Bei Christus, nicht zu dulden wäre;
Der hätte sich das wohl verbeten
Und würd ihm in den Hintern treten.

Da hülf kein Jammern und kein Klagen,
Er würd ihn aus der Kirche jagen;
Doch Sünden kann schon hier im Leben,
Das macht er auch, der Papst vergeben.

Dies ist für Pater Benedikt
Ein sehr willkommenes Relikt,
Im Dunkel der Vergangenheit,
Gepriesen und gebenedeit,
Das eigentlich zum Himmel schreit.

Der liebe Gott

Wenn's den lieben Gott doch gibt,
Ich kann's mir nicht denken,
Wird er, der die Menschen liebt,
Dir Gehör gern schenken.

Als Kind war ich richtig fromm,
Faltete die Hände,
Bat, daß ich in sein Reich komm
Nach des Lebens Ende.

Als zu denken ich begann,
Sah der Menschheit Wunden,
Flehte ihn um Hilfe an,
Da war er verschwunden.

Gibt's ihn, mögst Du zu ihm gehn,
Sag, daß er mir leuchte,
Weil ich, um ihn klar zu sehn,
Die Erleuchtung bräuchte.

Sag ihm auch, daß ich mein Kreuz
Lang genug getragen,
Würd ihm, hoffe sehr, ihn freut's
Gern die Meinung sagen.

Kirchliche Macht

Der Kirche Macht, der Kirche Pracht
Hat manchen Staat schon klein gemacht;
Ein Höhepunkt, der Papst rief, hossa,
Ab ging's im Bittgang nach Canossa.

Bis heute zeigt ihr Werdegang
Beständig auf zur Macht den Drang;
Im Gegensatz zu Christus' Lehren,
War sie bestrebt, das Geld zu mehren

Und hortete ihr Kapital,
Fernab von christlicher Moral,
Bei Banken und in Panzerschränken,
Anstatt die Armen zu bedenken.

Im Zeichen des Höllenhundes

Oft sind es Hunde, die fein spüren,
Was sich uns schwer nur offenbart;
Ein unbekannter Sinn scheint sie zu führen,
Bei Menschen ganz gemeiner Wesensart.

In ihrer Nähe sind sie kaum zu halten,
Den Hunden sträubt sich wild das Fell,
Urkräfte, die sich da entfalten,
Mit Zähnefletschen, wütendem Gebell.

Man sah sie böse Menschen schon umschleichen,
Wie auf der Spur, die Satan ihnen weist,
Vielleicht als Menetekel, als ein Zeichen,
Des Höllenhundes, der das Schlechte einst zerreißt.

Ewigkeit

Lebenszeit, Leidenszeit,
Bald jedoch ist es soweit,
Dann ist sie Vergangenheit
Bis in alle Ewigkeit.

Ewigkeit, ohne Streit,
Ohne Lieb' und ohne Leid,
Glücksmomente, Einsamkeit,
Kriege, Habgier, Lüge, Neid.

Keine Erdgebundenheit,
Nicht beengt durch Raum und Zeit,
Aller Fesseln dort befreit,
Das hält sie für uns bereit.

Gewißheit im Glauben

Wenn die Kräfte Dir im Glauben
Auch die letzten Zweifel rauben,
Wird Dein Glaube hier auf Erden
Für Dich zur Gewißheit werden.

Darein will ich mich nun fügen,
Vielleicht auch mich selbst betrügen
Und im festen Selbstvertrauen
Den erfüllten Wunsch noch schauen.

Seh sogleich in fernen Zeiten,
In den ewgen Brunnen gleiten
Einen Tropfen, den wollt schenken
Ich der Liebsten zum Gedenken,

Was teilhaftig wurd im Glauben
Kann mir nunmehr keiner rauben;
Gibt mir Ruhe im Bestreben,
Ihr ein Andenken zu geben.

Kinder spielen

Kinder spielen kriegen
Aus Freude an dem Spiel;
Ihr spielt Kinderkriegen,
Habt Ihr dabei ein Ziel?

Das Kind spielt mit dem Feuer
Und weiß nicht, was es macht;
Die Welt ist ungeheuer,
Habt Ihr daran gedacht?

Kinder- Kinderkriegen,
Kinder für den Krieg,
Fallen wie die Fliegen,
Es gibt keinen Sieg.

Kampf ist auch das Leben,
Das kommt noch dazu;
Magst Du noch so streben,
Glück bestimmst nicht Du.

Gastmahl

Freunde, herzlich sei die Runde!
Speise, Wein im Überfluß,
Was in dieser Feierstunde
Sollt bereiten uns Verdruß?

Muß uns ernster Sinn begleiten,
Weil der Freude Glück vergeht,
Dieser Tisch voll Herrlichkeiten,
Auf dem Pulverfasse steht?

Laßt uns diese Welt erleben,
Ändern können wir sie nicht,
Und wenn wir nach Frohsinn streben,
Straft uns dafür kein Gericht.

Unser Los, zum Hohn der Feste,
Gilt es tapfer zu bestehn;
Einzuladen neue Gäste,
Müßten wir mehr Zukunft sehn.

Vietnam

Vietnam, ein Flammenmeer,
Menschen sind des Feuers Raub,
Hilfe brauchten sie so sehr,
Doch die Welt ist dafür taub.

Hört Ihr nicht die Kinder schrein?
Sie die Opfer dieser Schlacht,
Und könnt trotzdem glücklich sein,
Werden grausam umgebracht.

Frauen auf der Flucht! Gehetzt
Zwischen Trümmern, Bomben, Rauch,
Von Granatsplittern zerfetzt,
Menschen wie wir selber auch.

Und Soldaten! Täglich mehr
Bluten ihre Leben aus;
Mächtig ist das Leichenheer,
Höhnt mit schaurig kaltem Graus.

Klagt Verantwortliche an,
Denen es um Macht nur geht,
Und genauso jedermann,
Der dabei zur Seite steht!

Illusionen

Illusionen, Illusionen,
Daß wir heut so sicher wohnen;
Freun wir uns, daß die Marxisten
Sich nach Adolf auch verpißten.

Lang ist's nicht her, daß der Osten
Plante Krieg auf unsre Kosten,
Fertig war'n die »Blücher-Orden«
Als Belohnung für das Morden.

Hundertfünfzehn Atomwaffen
Sollten Niedersachsen schaffen,
Ähnlich wollt' er mit den netten
Waffen Schleswig-Holstein plätten.

Dazu sagt man: Meine Güte,
Das sind doch längst alte Hüte,
Keine Orden, wir belohnen
Nun die Planer mit Pensionen.

Trotzdem mein ich: Das Vergessen
Ist auch hier nicht angemessen,
Denn es folgen meist die Strafen,
Wenn die Bürger zu tief schlafen.

Der rechte Weg

Was hat dieser Mann zerschlagen,
Mehrheitlich vom Volk getragen,
Das im Geiste zu tief schlief
Und wie blind »Heil Hitler« rief.

Führer mit den Scharlatanen
Ließ er eine Blutspur bahnen,
Wie die Welt sie nie gesehn,
Grauenhaft, nicht zu verstehn.

Beispielsweise sind zu nennen
Namen, die wir alle kennen,
Göbbels, Himmler fallen ein,
Göring und manch andres Schwein.

Doch da warn im deutschen Lande
Männer, Fraun im Widerstande,
Sie verliehn dem Deutschsein Sinn,
Gaben drum ihr Leben hin.

Fülln die Augen sich mit Tränen
Im Gedenken, sie erwähnen,
Können wir umfassend nicht,
Einer, der für alle spricht,

Graf von Stauffenberg, Märtyrer
Für die Freiheit, Tod dem Führer,
Der, was einem Volk gehört,
Bis zum letzten hat zerstört.

Dank sei denen, die sich wehrten,
Wenigen, die aufbegehrten,
Wird das Herz mir übervoll,
Denk ich der Geschwister Scholl.

Wir sind heute ihre Erben,
Laßt uns nicht lebendig sterben,
Und erhalten ihren Geist,
Der den rechten Weg uns weist.

Der gutgläubige Hase

Ein Hase lebte einst recht froh
An eines Waldes Rand,
Wo er genügend Sonnenschein
Und gut zu essen fand.

Jedoch, es gab den Jägersmann,
Der setzte ihm oft zu
Und störte so, welch Ärgernis,
Des Hasen schöne Ruh'.

Nur war der Hase wachsam stets,
Bei seinem schnellen Lauf,
Gab meistens auch nach kurzer Hatz
Der Jäger pustend auf.

Der Jäger dachte, ohne List
Krieg ich den Hasen kaum
Und stieg des nachts am Waldesrand
Ganz leis auf einen Baum.

Der nächste Morgen sollt bestimmt
Des Hasen letzter sein,
Doch in der ersten Dämmerung
Schlief fest der Jäger ein.

Da plötzlich schreckt' er aus dem Schlaf,
Es rutschte sein Gewehr,
Und wie er es noch fassen wollt,
Fiel er gleich hinterher.

Der Hase kam gerad vorbei,
Begriff die Lage schnell,
Als eben schlug die Flinte auf,
War er bereits zur Stell'.

Er nahm die Flinte eilends hoch,
Kaum daß er sich versah,
Lag fluchend und vom Fall lädiert
Der Jäger vor ihm da.

Wie der sich nun erheben will,
Prallt er sogleich zurück,
Denn in den eignen Flintenlauf
Fiel sein verstörter Blick.

Doch rasch besann der Jäger sich
Und sprach: Laß uns Häslein,
Ich hab' schon oft daran gedacht
Von nun an Freunde sein.

Was siehst Du mich so zweifelnd an?
Gibst Du mir mein Gewehr,
Schau nur, ich schwöre diesen Eid,
Ich schieß auf Dich nie mehr!

Du glaubst mir das noch immer nicht?
Ich geb' es schriftlich Dir,
Und flink bracht' er den gleichen Eid
Noch einmal zu Papier.

Er reichte es dem Hasen hin,
Der gab's Gewehr zurück,
Freut' sich, daß endlich Frieden wär
Und auf sein Hasenglück.

Der Jäger lächelte verschmitzt,
Sagte auf Wiedersehn,
Mein Hase, Du kannst ganz beruhigt
Jetzt Deines Weges gehn.

Am nächsten Tag träumte der Has'
Im warmen Sonnenschein,
Er brauchte ja fortan nicht mehr
Auf seiner Hut zu sein.

Der Jäger aber schlich sich an,
Er schlug den Hasen tot,
Und neben ihm lag das Papier
Von seinem Blut ganz rot.

(Ein anderer Jäger sagte: »Mit aller Verantwortung kann ich erklären, daß die Sowjet-Union unter keinen Umständen Kernwaffen gegen Staaten einsetzen wird, die auf die Produktion und Anschaffung solcher Waffen verzichten und sie nicht auf ihrem Territorium stationiert haben. Wir sind bereit, das jedem Land, ohne auch nur eine einzige Ausnahme, vertraglich zu garantieren.«)

Auf der Doppel-CD »Einem Aufrechten zum Gedenken« singt Gerd Knesel (gestorben am 19. Mai 1992) diesen Text.
CD (mit 28 Liedern) erhältlich bei
D. Knesel, 21502 Geesthacht,
Hans-Mayer-Siedlung 32
Tel./Fax: 04152 78866

Nie wieder Krieg!

Oft schon war Euch das Heil versprochen,
Ein großer Sieg, ein großes Glück,
Der Friede wurde drum gebrochen,
Man fiel in Anarchie zurück;

Millionen Menschen sind gestorben
Für Machtwahn, Ideologie,
Doch weiter wird dafür geworben –
Nie wieder wolln wir Kriege, nie!

Völker lebt für den Frieden,
Schluß mit jedem Gefecht!
So ist Euch Glück beschieden,
Lebt für das Menschenrecht!
Völker lebt für den Frieden,
Ächtet fortan den Krieg!
So ist Euch Glück beschieden,
Dies wär' der größte Sieg!

Die Phantasie vom roten Morgen,
Die roten Terror währen läßt –
Es gibt kein Leben ohne Sorgen,
Das, was ihr habt, das haltet fest!

Auf Freiheit wolln wir uns einschwören,
Des Menschen Recht, Demokratie,
Und jeder in der Welt soll hören,
Nie wieder wolln wir Kriege, nie!
Völker lebt für ...

Das Glück von heute wolln wir leben,
Das Paradies, es bleibt ein Traum,
Im menschlich Zueinanderstreben
Da schafft das Glück sich einen Raum.

Sein Boden aber ist der Frieden,
Die Unterdrückung ächtet sie!
Ein Land das Krieg führt, wird gemieden,
Nie wieder wolln wir Kriege, nie!
Völker lebt für ...

Auf der Doppel-CD »Einem Aufrechten zum Gedenken« singt
Gerd Knesel (gestorben am 19. Mai 1992) diesen Text.
CD (mit 28 Liedern) erhältlich bei
D. Knesel, 21502 Geesthacht,
Hans-Mayer-Siedlung 32
Tel./Fax: 04152 78866

Ballonflucht

Ein Leben hinter Mauern,
Wir hielten's nicht mehr aus;
Wie kommt man nur lebendig
Aus solchem Land heraus?

Da sind die Grenzsoldaten,
Da ist der Stacheldraht,
Manch Flüchtling wurd getötet
Vom Selbstschußautomat.

Wir dachten immer wieder,
Wie kommen wir davon,
Und plötzlich dachte einer
An einen Flugballon.

Ein Ballon, ein Ballon
Trägt nach Westen uns davon,
Daran haben wir gedacht
Fortan tags und auch bei Nacht.

Im Ballon, im Ballon
Schweben lautlos wir davon.
Wie ein Vogel, der im Glück,
Weil sein Käfig bleibt zurück

Den Flugballon zu bauen,
Das war nun unser Ziel,
Ein großes Unterfangen,
Wahrhaft kein Kinderspiel.

Wir haben im Geheimen
Geplant, gebaut, genäht
Und dachten oft verzweifelt,
Daß es wohl doch nicht geht.

Und dann war auch die Angst da,
Wir brauchten alle Kraft,
Doch schließlich war er fertig,
Wir hatten es geschafft!

Der Ballon, der Ballon
Trug nach Westen uns davon,
Hat in sternenklarer Nacht
In die Freiheit uns gebracht.

Im Ballon, im Ballon
Schwebten lautlos wir davon,
Wie ein Vogel, der im Glück,
Weil sein Käfig bleibt zurück

Wundersames Deutschland

Deutschland, wundersames Land
Mit den beiden Staaten;
Dort Kommunisten an der Macht,
Und hier die Demokraten.

Sicher denkt man anderswo:
So ist's vielleicht am besten,
Sind doch die Deutschen wie ein Schild
Zwischen Ost und Westen.

Halten selber sich in Schach,
Können sich nicht leiden,
Was käm schon dabei heraus,
Wärn vereint die beiden?

Beide Staaten bis zum Rand
Vollgestopft mit Waffen,
Könnten sich für immer nun
Selbst vom Erdball schaffen.

Und wenn dort mal nichts mehr wär,
Würd man sich besinnen,
Daß mit Kriegen, ganz gleich wo,
Nichts ist zu gewinnen.

Deutschland wär von dieser Welt
Endgültig geschieden,
Hätt ein Zeichen noch gesetzt
Glaubhaft für den Frieden.

Deutsche, wundersame Leut'
In den beiden Staaten,
Wenn ihr Euch auch grün nicht seid,
Laßt Euch nicht verbraten!

Deutsche Brüder laßt Euch nicht
Aufeinander hetzen;
Sonst blieb nur ein totes Land,
Bliebe nur Entsetzen!

Ein Brief aus dem Gulag

Ein Brief aus dem Gulag kam bei uns an
Und wurde durch Zufall entdeckt,
Ein Brief der Verdammten an jedermann
Der lag zwischen Bauholz versteckt.

Wir dachten an Freiheit, so schrieben sie,
Zu laut haben wir dran gedacht,
An Recht, an Freiheit und Demokratie,
Man hat uns ins Lager gebracht.

Wir werden geknechtet, steht in dem Brief,
Man glaubt, daß man uns so zerbricht,
Dem Tod sind wir nahe, wir fielen tief,
Doch den Mut, den nimmt man uns nicht.

So kämpfen wir weiter, im Geiste frei,
Die Ketten sind schwer, viel zu schwer,
Wir hoffen, daß es nicht vergeblich sei,
Doch für uns hoffen wir nicht mehr.

Wir bitten Euch sehr, laßt uns nicht allein,
Steht uns moralisch zur Seite,
Ihr lebt in Freiheit, setzt Euch für sie ein,
Vergeßt nicht Sibiriens Weite!

Anmerkung:
Es handelt sich um einen Brief der russischen Dichter und Bürger-
rechtler N. Achmetow und W. Michalenko.

Die »Neue Bildpost« berichtete darüber im Januar 1980.
Auf der Doppel-CD »Einem Aufrechten zum Gedenken« singt
Gerd Knesel (gestorben am 19. Mai 1992) diesen Text.
CD (mit 28 Liedern) erhältlich bei
D. Knesel, 21502 Geesthacht,
Hans-Mayer-Siedlung 32
Tel./Fax: 04152 78866

Frau Minister

Den Sozialismus brauchen wir
Nicht nur im Osten, sondern hier;
Gab lautstark einst im Westen
Die Dame gern zum besten.

Das ist nun eine Weile her,
Die »DDR« die gibt's nicht mehr;
Was diese Dame hat begehrt,
Scheint jetzt ihr nicht der Rede wert.

So kehrt sie wahrlich recht geschwind
Ihr Mäntelchen stets nach dem Wind;
Der Bürger, schnell vergißt er,
Und sie wurd Frau Minister.

Perestroika

Perestroika, aus dem Osten kam ein neues Wort,
Läßt die Menschen wieder hoffen, treibt die Wolken fort;
Umgestaltung der Gedanken, nicht mehr Weltherrschaft,
Dafür miteinander bauen, mit vereinter Kraft.

Perestroika, wär ein Wunder, wenn sie denn gelingt,
Schritt für Schritt, mit Ernst betrieben, eine Wende bringt.
Umgestaltung der Gefühle, weil man sich vertraut
Und dadurch nicht mehr so furchtsam in die Zukunft schaut.

Perestroika für den Frieden ist ein Menschheitstraum,
Hilft sie Völker zu vereinen auf dem Erdenraum;
Perestroika in den Herzen, setzt Euch dafür ein,
Wär sie doch der Weg der Menschen hin zum bessren Sein.

Paneuropa

Laßt uns für Europa leben,
Stark und einig soll es sein;
Seinen Völkern Freiheit geben,
Dafür setzen wir uns ein.

Alle Grenzen, die entzweien,
Sind zum Abbau uns bestimmt;
Ein Europa soll gedeihen,
Das als Ziel die Einheit nimmt.

Dort kann sich der Mensch entfalten,
Wachsen zur Persönlichkeit,
Nicht im Kollektiv gehalten,
Seiner Fesseln ganz befreit.

Ein Europa soll entstehen,
Dem Gemeinwohl zum Gewinn;
Diesen Weg der Zukunft gehen,
Ist erstrebenswerter Sinn.

Ein Europa wolln wir bauen,
Das den Frieden uns erhält,
Und als Vorbild anzuschauen,
Dient dem Frieden in der Welt.

Auf der Doppel-CD »Einem Aufrechten zum Gedenken« singt
Gerd Knesel (gestorben am 19. Mai 1992) diesen Text.
CD (mit 28 Liedern) erhältlich bei
D. Knesel, 21502 Geesthacht,
Hans-Mayer-Siedlung 32
Tel./Fax: 04152 78866

Ich denk zurück

An jenen Tag denk ich zurück
Als wir im ersten Liebesglück
Uns in die Arme schlossen;
Viel Zeit ist drauf verflossen.

Ich denk an einen Tag zurück
Als wir verträumt im Liebesglück
In Urlaub sind gefahren;
Vor vielen, vielen Jahren.

Ich denk an manchen Tag zurück
Der uns geschenkt ein wenig Glück;
Den Alltag ließ uns überstehn,
Die Welt dann wieder heiter sehn.

Ich denk an diesen Tag zurück
Als mich verlassen hat das Glück;
Im Sarg hat man Dich fortgebracht,
Für mich wurd's dunkel, tiefe Nacht.

Alles vergangen

Zielbewußt ging ich zu Werke,
Habe viel geschafft;
Du verliehst mir meine Stärke,
Gabst mir so viel Kraft,

Daß ich keine Mühe scheute;
Hatte Dich im Sinn,
Früh bis spät, genau wie heute,
Zog's mich zu Dir hin.

Mit dem Unterschied, daß heute
Du im Jenseits bist;
Alles, was mich einst erfreute,
Nun vergangen ist.

Hoffnung im Glauben

Liebste, es will nicht gelingen,
Noch ein weitres Mal
In die Scheinwelt einzudringen,
Mir bleibt keine Wahl.

Von der Wirklichkeit durchdrungen,
Ihrem grellen Licht,
Hab vergeblich ich gerungen,
Find den Zugang nicht.

Bleibt die Hoffnung nur im Glauben,
Daß ich irgendwann,
Und die soll mir niemand rauben,
Dich umarmen kann.

Das gewisse Etwas

Wer die Caroline gesehen,
Kann mich sicher gut verstehen;
Eine Anmut hatte sie,
Das vergißt man einfach nie.

Ja, sie hatte das gewisse
Etwas, das ich so vermisse;
Etwas, das ich sehr geliebt,
Das es nicht noch einmal gibt.

Wird sie das im Himmel zeigen,
Mit den Engelein im Reigen,
Ich befürchte, Weh und Ach,
Dann wird selbst der Petrus schwach.

Erdbeerzeit

Wenn Du wüßtest, mene Kleene,
Wie sehr ich mich nach Dir sehne;
Es ist wieder mal soweit,
Hier im Lande, Erdbeerzeit.

Wie heiß war doch Dein Begehren,
Diese Beeren zu verzehren;
Hab den Korb voll ich gebracht,
Ja, dann hat Dein Herz gelacht.

Jetzt laß ich die Beeren liegen,
Ich kann keine runterkriegen;
Ohne Dich, das gleiche Lied,
Mir verging der Appetit.

Das würd sie sagen

Ich weiß, mein Schatz, Du würdest sagen:
Liebster, Du darfst nicht verzagen;
Bald schon ist die schwere Zeit
Auch für Dich Vergangenheit.

Ich kann Dich so gut verstehen,
Mir würd's ja nicht anders gehen;
Doch ich bleib für immer Dein,
Dessen kannst Du sicher sein.

Und, mein Liebster, Du mußt essen,
Darfst das keinesfalls vergessen;
Deine Mühen lohnen sich,
Was Du tust, tust Du für mich.

Ein Geschenk

Eben hab ich dran gedacht,
Wie ich es Dir mitgebracht;
Ein Geschenk, ich seh noch heut,
Wie sehr es Dich hat erfreut.

Deine Augen, Dein Gesicht:
Sonne, die durch Wolken bricht;
So wurd ein Geschenk für Dich
Gleichsam eines auch für mich.

Deiner Freude eingedenk,
Gabst Du dadurch mein Geschenk
Mir schon hundertfach zurück,
Und auch das Gefühl für's Glück.

Unsterblich verliebt

Sie ist doch tot, das sagt man so,
Kommt niemals mehr zurück;
Ich aber werd nie wieder froh,
Find auch kein neues Glück.

Erfahre, was unsterblich heißt,
Daß es dies wirklich gibt;
Bleib, wie sich täglich neu erweist,
Immer in sie verliebt.

Du bist zugegen

Du bist auf allen meinen Wegen
In meinem Herzen stets zugegen;
Dadurch wird es unsagbar schwer,
Denn ich vermisse Dich so sehr.

Die Dinge, die mich hier umgeben,
Sind tot, erwachen nicht zum Leben;
Könnt ich noch einmal mit Dir gehn,
Sie würden wieder auferstehn.

So aber werd ich weiterschreiten,
Nichts kann mir Freude mehr bereiten,
Bis man mich aus dem Hause trägt
Und sich mein Arm fest um Dich legt.

In einem Satz

Ich fasse es in einen Satz:
Mein kleiner Spatz, Du warst ein Schatz,
Mein Schatz, den ich im Herzen trage,
Bis an das Ende meiner Tage.

Dort kann Dich niemand mir entwenden
Bis auch mein Leben wird hier enden;
Dann suche ich für uns, mein Schatz,
Für alle Ewigkeit den Platz.

Ich möcht zu Dir

Ich möcht zu Dir, das sagte sie
Im Krankenbett zuletzt;
Die Worte von Annemarie
So oft hör ich sie jetzt.

Sie wollte hin zu ihrem Mann,
Ihn endlich wiedersehn,
Ihn, der ins Jenseits ging voran,
Ich kann sie gut verstehn.

Heut fühle ich genau wie sie,
Es geht mir so wie ihr;
Ich sag, wie einst Annemarie,
Liebling, ich möcht zu Dir.

Ein tröstlicher Gedanke

Der Einsamkeit ergeben,
Bin ich nun ganz allein;
Werd bald im ewgen Leben
Für immer bei Dir sein.

Ein tröstlicher Gedanke,
Der mich nicht fallen läßt;
Wenn ich auch noch so wanke,
Daran halt ich mich fest.

Am Ende unsrer Tage
Scheint uns die Erdenzeit
Als, so war's ohne Frage,
Moment der Ewigkeit.

Die letzten Stunden

In unsren letzten Stunden
Hab ich so tief empfunden,
Vielleicht wie nie zuvor;
Als ich Dich dann verlor,

War ich auch selbst verloren;
In Trauer eingeboren,
Gedenk ich täglich Dein
Und träum von einem Sein

Mit Dir, so tief verbunden,
Wie in den letzten Stunden,
Im Leben ohne Leid
Für alle Ewigkeit.

Ein sanftes Sterben

Welch Trost, ich hab Herrn Kusch getroffen,*
Kann auf ein sanftes Ende hoffen;
Er gibt mir Beistand auf dem Weg,
Wenn ich zur letzten Ruh' mich leg.

Dafür möcht ich ihm Dank erweisen,
Werd ihn, solang ich lebe, preisen;
Darf sterben, wie es mir gefällt,
Da zahl ich gern ein Sterbegeld.

* Dr. Roger Kusch; ehemaliger Justizsenator von Hamburg

April, April!

Du schreibst fast täglich ein Gedicht,
Das will doch keiner lesen;
Nun gut, ich widersprech dem nicht,
Freß darauf keinen Besen.

Denn wenn es keiner lesen will,
So soll es keiner lesen,
Dann sage ich: April, April!
Und das ist es gewesen.

Unvergeßlich

Mein Werk, es wurde nicht beachtet;
Ich sage mir, was tut es,
Wenn man die Sache so betrachtet,
Hat sie auch etwas Gutes:

Es bleibt für immer unvergessen,
Das strebten große Geister an,
Weil, was man nicht kennt, auf Grund dessen,
Ganz unmöglich vergessen kann.

Erlebnisse im Hotel mit König Alfred und seinem Hanswurst unter Berücksichtigung der Zensur durch das Landgericht Hamburg. Der Kampf eines Bürgers gegen ein Unternehmen mit faschistoiden Verhaltensweisen. Band I–IX
Band I: ISBN 978-3-8334-7985-4

Die frivolen Geschichten mit König Alfred und seinem Hanswurst
ISBN 978-3-8334-8038-6

König Alfred und sein Hanswurst
Ein MALBUCH mit 66 heiteren Geschichten in Versform
ISBN: 978-3-8334-8037-9

Sokrates läßt Deutschland grüßen – damit Freiheit atmen kann
ISBN 978-3-8334-7988-5

Das große Kochbuch
Ein Menü für Juristen und verantwortungsbewußte Staatsbürger
ISBN 978-3-8334-7987-8

Mir reicht's – Deutschland ade
ISBN 978-3-8334-7986-1

Daß Liebe unser Leben durchdringt ...
ISBN 978-3-8334-7977-9

Für Dich
ISBN 978-3-8334-7975-5

Nur noch für Dich – Eine Liebeserklärung,
Band I–III
Band I: ISBN 978-3-8334-7976-2
Band II: ISBN 978-3-8334-8769-9
Band III: ISBN 978-3-8334-7406-4

Anfang und Ende – Gedichte für einen geliebten
Menschen
ISBN: 978-3-8334-8770-5